토네이도

신지혜 시집

상상인 시선 012

상상인 시선 012

토네이도

초판 1쇄 발행 ǀ 2020년 9월 25일

지 은 이 ǀ 신지혜
펴 낸 곳 ǀ 도서출판 상상인
북마스터 ǀ 김유석 최지하 이선애 마경덕
뉴크리에이터 ǀ 이만섭 진혜진
등록번호 ǀ 제572-96-00959호
등록일자 ǀ 2019년 6월 25일
주　　소 ǀ 06621 서울시 서초구 서초대로74길 29, 904호
전화번호 ǀ 010-7371-1871
전자우편 ǀ ssaangin@hanmail.net

ISBN 979-11-91085-03-7 (03810)

값 10,000원

* 이 책은 전부 또는 일부 내용을 재사용하려면 반드시 저작권자와 도서출판 상상인의 동의를 받아야 합니다.

* 이 시집은 교보문고와 연계하여 전자책으로도 발간되었습니다.

* 이 도서의 국립중앙도서관 출판시도서목록(CIP)은 서지정보유통지원시스템 홈페이지(http://seoji.nl.go.kr)와 국가자료공동목록시스템(http://www.nl.go.kr/kolisnet)에서 이용하실 수 있습니다. (CIP제어번호 : 2020039387)

토네이도

- 저자의 의도에 따라 작품의 보조 동사와 합성 명사는 띄어쓰기가 달라질 수 있습니다.

- 본문 페이지에서 한 연이 첫 번째 행에서 시작될 때에는 〈 표기를 합니다.

시인의 말

한 사람이
미동도 없이
이 세상과 면벽하고 있다

이 지구상에서
치열한 삶을 살고 있는
모든 선한 존재들에게
이 시집을 바친다

이 지구가 돌아가는 이유는
오직 그들 덕분이다

허드슨 강가에서
2020년 9월

신지혜

■ 차례

1부

토네이도	019
풍경을 치다	020
꽃들의 진화	022
물방울 판타지	024
나무 한 채	026
허공 기어오르는 노인	028
세미터리 좋은 조상들	030
허공에 밑줄을 긋고 가는 새	032
얼굴 만다라	034
검정쥐눈이콩	036
내가 들어온 문 하나 있을 것이다	038
이전의 묘법	040
은판나비	041

2부

이 시대의 건축가	045
아름다운 가문	046
결	048
지구별 어드벤처	050
바람의 팜파탈	052
헬로우, 동두천	054
거인 발자국	056
굿모닝	058
밥	060
줄	062
픽셀의 세계	064
빈집	066
내가 고맙다	068

3부

당신은 늘 흐르고 있습니다 　　　　　073

우주 모둠탕이 펄펄 끓는다 　　　　　074

나를 찾습니다 　　　　　076

나의 아트만에 대한 몇 마디 변론 　　　　　078

생각의 주름무늬를 위한 노래 　　　　　080

나는 몇 번이나 옷을 벗고 입었던 것일까 　　　　　082

촛불의 전설 　　　　　084

아스바타목 　　　　　086

거주 증명서 　　　　　088

나는 발 없는 발을 가졌습니다 　　　　　090

물의 얼굴 　　　　　092

나는 찬란한 신들보다 더 오래되었다 　　　　　094

생일 꽃다발을 사양합니다 　　　　　096

4부

우주 에너지	101
지구인 명상	102
나는 신을 이해한다	104
염력의 나라	106
나의 백그라운드	108
그동안 애쓰셨습니다	110
대청소	112
마지막 메이크업	114
새들의 지구생활	116
벌레 구멍	118
엎드려 절해보니 알겠다	120
이 세상 저 세상은 에디트가 필요하다	122
물방울 휴거	128
도시로 간 짜라투스트라	130

1부

토네이도

 대륙을 강타한 토네이도 너는 처음에 무화과나무 밑에서 부스스, 가느다란 실눈을 떴지 고요해서 숨이 막혀요 너는 이따금씩 울부짖었지 너는 마침내 홀로이 길을 떠났지 너의 가느다란 휘파람으로 들꽃의 울음 잠재워주곤 했지 나 자신이 누구야, 대체 누구란 말이야, 너는 외로움 씨눈 하나 빚었지 너는 천천히 스텝을 밟게 되었지 누군가 너를 상승시켰지 점점 격렬해졌지 벌판 들어 올리고 내려놓으며 바다 철버덕 내리치며 빙글빙글 도는 동안, 휘말리는 대지, 바다, 허공이 너에게 자석처럼 달라붙었지 네 몸이 점점 부풀어 올랐지 루핑들이, 입간판들이, 너의 손을 잡고 달려주었지

 너도 처음엔 아주 미세한 숨결이었어
 무화과나무 그늘 밑에서 겨우 부스스 눈을 떴어
 처음부터 토네이도로 태어나진 않았어

 토네이도는 캔사스 주 들판을 송두리째 뒤엎고 스스로 숨을 거두었다 할딱이는 가느다란 숨결은 나뭇잎 한 장 뒤집을 힘도 없이 어느 오후 공기의 대열 속에 틀어박혀 고요한 공기 눈알이 되었다 마치 한 사람의 격렬한 인생처럼, 치열하게 광란하던 한 시절만이 벌판의 전설이 되었다

풍경을 치다

포코노 산속 어느 허름한 집
처마 끝 매달린 풍경 하나가 요란합니다
어디서 온 바람인지, 전할 말 있다는 듯 뎅뎅 종을 칩니다
어찌나 그 음의 소릿결 파문
허공에
오래오래 번지는지
박차 오르는 풀숲의 새 떼도 소릿결 따라 밀려가며 번집니다
빽빽한 골짜기 나무들 일제히 한쪽으로 고개 숙이고
머리칼 정갈하게 빗겨 번지는데
바위틈 그늘 밑 잡초들도 귓바퀴 둥글게 열어 번지며
꽃들은 나무들에게
나무들은 달에게
달은 별들에게 천지사방 소릿결 전합니다

산 아래 아득히 납작 엎드린 마을 지붕들
힘들지, 일일이 머리 쓰다듬으며
따뜻한 파문이 번집니다

먼저 출발한 둥근 파문의 고리 위로 뒤에 출발한 둥근 고리가
정연하게 뒤따릅니다 어느 고리도 앞서거나 겹쳐지지 않고

제각기 도를 지킵니다

저편 세상 벽을 치고 돌아온 고리들이
다시 어미 종 향해 한 줄 두 줄 되돌아옵니다
종은 제가 낳았던 소리를 다시 품에 받아 안습니다

나 여기 살며 무심코 툭툭 내놓은 언행의 파문,
천지사방 한 바퀴 두루 돌아 내게 다시 귀환하는 것
풍경소리 듣고 깨닫습니다
삼라만상이 함께 이미 다 알고 있다는 것
나 비로소 되새깁니다

꽃들의 진화

뜰에 뿌린 제라늄꽃씨가
어느 날 에서제서 얼굴들 뾰족 내밀더니
그늘 한 장씩 거느린 채 도도하다

꽃들은 지구별 위에서 가장 맹렬하다
천둥 번개 치는 날에도 꽃들은 터진다
안개 자욱해도 꽃잎에 꽃술을 단다

꽃들은 영악스럽고 당차다 너풀거리는 얼굴들
들여다보면 무섭다
얼마나 많은 꽃들이 이 땅을 읽어갔을까
이 세상의 명암을 알아버린 후, 꽃들은
향기를 풀어 한 계절을 포박했다 그리고
꿀벌과 나비 떼 부르고
바람 불러 그들 존재를 널리 알렸다
소문이 번져 절벽 끝 무명초나 사막 선인장까지
그 소식 알아들었고, 열려있는 모든 귀가 알아듣고
함께 동조했다

꽃의 집단은 입을 모아 말한다

모래 위에, 바람 속에, 안개 속에서도 우린
끝까지 쟁취해요 거저 된 것 아무것도 없어요
내 얼굴 화장과 독특한 향기 위해 때때로 공기의 빙벽에
무수히 갈비뼈를 찧으며 파란만장했습니다
우리 꽃빛은 저마다 그 고통의 빛깔입니다

그의 얼굴인 꽃잎 속 암술 수술들 보존키 위한
특이한 디자인은 그들만의 대물림 유전인자를 고초 끝에
진화시킨 결과이다

우린 꽃들에게 열광한다 갈채 보내며,
꽃 앞에서 V자를 그린다
그럼에도 꽃들은 만족하지 않는다 그들은 종래에
이 지구 전체를 점령하고 우월한 종이라는
정복자의 깃발을 꽂을 것이다
그리하여 함부로 삶을 집적대거나 꺾어대는
오만방자한 사람들을 무릎 꿇리고 싶은 것이다

물방울 판타지

어느 여름날, 시원한 물 한 대접받는다
수 천 물방울 차곡차곡 담긴 물이 틈새 없이 빛난다
촘촘히 짜인 물의 교직,
서로 밀착하여 내가 너이고 네가 나이구나
준 것도 받은 것도 보이지 않는구나
사랑과 증오가 오간 흔적도 없구나
까마득하니, 오간 길 다 한통속으로 뻥 뚫렸구나
네가 앉았던 자리 내가 누웠던 자리 없이 한자리되고,
어떤 것은 엎어져 떠받치고 어떤 것은 누워서 떠받치고
어떤 것은 꼿꼿이 마주 보며 서로 떠받치고 있다

어떤 놈도 물의 얼굴이라 부를 수 없고
체(體)라 부를 수 없다
서로 섞이고 나투고 돌아가며 높이 올라간 파도도
다시 한 일자 수평으로 일순 고요해지는
다 함께 숨 쉬는 법 안다

물 한 대접 속, 물의 수면 오래 들여다보는데
틈새 없는 저 물방울들 서릿발 번뜩인다
〈

넌 무얼 떠받치느냐고
단 한 번도 네가 너 아닌 적 있느냐고
너 허물고 물 되어 이리저리 흘러본 적 있느냐고

저 물방울들 속엔
시시때때로 내가 있다고 우격다짐 내세우던
내 부끄러운 주장자가 간 곳이 없다

나무 한 채

잎 트일 무렵, 나무의 뿌리는 골몰한다
집 짓듯이 어디로 창을 낼 것인가
내면의 청사진 펼쳐놓고
꼼꼼히 각도 재고 초크 그으며 줄자 들이댄다 드디어
나무 한 채도 온 피부 열어 큰 숨 몰아쉰다
온몸 켜지자 나뭇잎이
와짝 자라나고
한 그루 의연히 제 터 잡는다

얼핏 제멋대로 가지와 이파리 매다는 것 같아도
어떤 가지는 동쪽으로 어떤 잎은 서쪽으로
가지와 잎 타고난 제 품성대로
적합한 생존원리 따라 자리매김한다 그리하여
한 채 반듯한 가족이 되는 것이다

한 뿌리에 난 식구도 어떤 가지는 장남으로,
어떤 가지는 막내로,
마음 여려 세상 두려운 내성적 가지는 자꾸 뒤쪽으로 가 숨고
활달한 외향적 가지는 햇빛 잘 드는 곳에 자리 잡기도 한다

〈

나뭇가지들 틈새 없이 빼곡하게 한 구색 맞추기 어디 쉬운가
뿌리는 우듬지 이파리까지 촘촘한 네트워크를 구축한다
어느 한 곳,
막히거나 터져선 결코 삶의 희락을 공유할 수 없기 때문이다
허공 속 그렇게 올망졸망 숨 트인 이것들
제각기 햇빛과 바람 사귀고 서로를 독해할 때
뿌리는 땅속 더 깊숙이 발 뻗어가며 사투를 건다 그야말로
안간힘으로 흙의 힘줄 잡아당기며
자신을 혹독하게 채찍질한다

이윽고 우람한 나무 한 채
지구 등짝 위에 업혀 마치 한 몸인 듯 따라 돌고 있다

허공 기어오르는 노인

한 노인이 구불구불 허공 오르고 있다
허공은 그의 유일한 암벽이다
그의 겨드랑이에서 떨어지는 부신 햇살들
노인은 같은 자리에서 상승하고 있다
새가 되고 있다
허공 아찔한 암벽 기어오른다
그는 하네스와 헬멧을 착용하고 있다
로프, 런너, 퀵드로, 카라비너를 자유자재 사용한다
허공은 그의 평생 도전장이다
때로 오르는 길보다 미끄러지는 길 많기도 하지만
그는 결코 뒤로 물러서지 않는다
초크를 손에 바르고 그가 해머로 자일을 박는다
허공 조각들 둔탁하게 쏟아지는 소리,
낙석이다

오늘 노인은 어제보다 더 조금 높이 허공을 점거한다
그는 평생 포기한 적 없다 한 자리 서서
오직 허공 암벽 타기로 그의 생은 치열하다
온몸 긁힌 상처와 주름투성이 각질들,
〈

이 노인 앞에 서면 아무런 할 말도 떠오르지 않는다
오직 저절로 마음 숙여진다
노인은 모든 역사를 한 몸에 다 꿰고 있다
캘리포니아 와잇 마운틴 산비탈,
오직 한 허공을 기어오른 히코리 소나무
4,700여 년 동안 한 자리 초연히 서 있다

세미터리 좋은 조상들

리지필드 공동묘지 사이 길,
빽빽한 묘비들 일제히 사열한다
새 울음소리 몇 개 꽂혀있다
인조 꽃 몇 송이도 그저 흔들흔들

안토니, 제니퍼, 차알스
두루 편안하신가?
맥박도 잴 수 없이 평평해진 저 수평의 고요,
그대들 또한 먼 조상 누군가의 이름 물려 입고
한때 서로 머리 부딪치며
아무것도 아닌 일에 먹살 잡으며,
치열하게 살았을 것이다 또는
으스러질 듯 포옹하고 키스하며 잘들 살았을 것이다
죽어 좋은 조상되기 위해 발버둥 쳤을 것이다
묘비 가운데 두고 생면부지 낯선 이와
머리 맞대고 평화로이 누운 채
죽은 자들 타운에 모여 사는 것, 괜찮으신가
이미 오장육부는 내부 골조 폭삭 무너진 폐가처럼 가라앉고
두개골 하얗게 삭아버렸을 백골들,
〈

누군가 그들이 벗어버린 이름 또다시 새 옷처럼 받아 입고
해 질 녘 놀이터를 뛰어다니거나
저문 호숫가를 천천히 배회할 것이다
또 누군가는 그 이름 달고 야간청소부 되어
삐걱대는 낡은 계단에 왁스 칠할 것이다

안토니, 제니퍼, 차알스
걱정들 마시게나
지상의 이름들은 재활용되어도 더없이 순결하다네
제 것 아닌 이름 어찌 소중하게 여기지 않으리

세미터리는 죽은 자들의 이름 박물관,
우리는 자나 깨나 학습한다
좋은 조상되기 위하여
대물림 이름 더럽히지 않기 위하여

허공에 밑줄을 긋고 가는 새

허공엔 아무것도 없는 데 밑줄을 긋고 가는 새,
새는 자취를 감추었는데 허공에 그어진 금, 아직
사라지지 않는다
이리저리 휘몰리는 구름물고기 떼도 결코 지울 수 없는 밑줄

허공엔 아무것도 보이지 않는 데
어머니 정맥 같은 밑줄 한 줄 각인되어 있다

어머니, 그토록 원하시던 새가 되신 것일까
나 밑줄 친 허공 한 페이지 꺼내 읽는다

맹물 같은 저 허공의 가슴속엔
요동칠 슬픔이나 채 남아있겠는가
푸른 별무덤 가득 찬 허공엔 무수한 생채기뿐

집 뒤 텃밭에 사약 같은 독초 한 그루 몰래 심어놓고 어머니, 때때로 청산가리 같은 햇빛에 젖은 생 널어 말렸던 것을, 어둑한 골목골목 누비며 이쪽 허공 끝에서 저쪽 끝으로 마른번개 토하는 구름사자처럼 혼자 포효했던 어머니, 갈라터진 맨발로 장바닥 헤매며 건어물이며 야채를 호곡 소리처럼

외치다 귀가할 때마다 저 허공 속곳 깊숙이 넋두리 한 잎씩
꾹꾹 눌러 넣어놓고 음각했던 어머니

이젠 흙을 밟지 않아도 되는 날개 한 벌 받아 입으셨던가

어느 겨울날, 이마에 머릿수건 질끈 동여맨 채
눈발 뚫고 서둘러 이 생의 문밖으로
외출하신 어머니, 저 허공엔 지워지지 않는 밑줄 한 줄
처연히 걸려있다

얼굴 만다라

네거리 횡단보도 앞에서 신호 기다린다
건너편 얼굴들과 서로 빤히 마주 바라다본다
한결같이 똑같은 눈, 코, 입, 귀로 구성된 얼굴들
어쩌면 그리 이미지와 느낌 완벽히 다를까 하는 생각,
하지만 자세히 보면
자기 유사성, 순환성, 어떤 규칙성을 가진
저 얼굴들의 프랙탈

묘하다!
비슷비슷한 것 같으면서도 어떤 얼굴도 같지 않다
우주 누대에 걸쳐 변형되고 합성되어온
인류의 유전자
필경 신이 제작할 얼굴들의 데이터가 따로 있겠거니
그리하여 우리 중 누구 얼굴은 고대 선조 얼굴과
후대 태어날 얼굴과도 중복되지 않겠는가

신호 바뀌자 눈, 코, 입, 귀가 한 덩어리로 겹쳐진다
얼굴들이 치열한 금속이온들의 격자 운동처럼
한꺼번에 소용돌이친다
〈

이 세상 한 장에 그려진 천의 얼굴 만다라!

산다는 것은 이 세상에 얼굴 하나 보태는 것,
이 지구촌 어디선가
누군가의 얼굴 사라지고 또 새 얼굴이
화폭 속 긴급 등록되고 있다

검정쥐눈이콩

나사 우주지도 펼쳐보다가 발견한
새까만 검정쥐눈이콩,
처음엔 있는 듯 없는 듯하였으나 자세히 보니
그것이 나선형 팔에 안겨 욱신욱신 호흡하는 것이었다

저 콩도 어미가 있으니 저렇게 열렸지
콩의 세계도 인간처럼 슬픔의 아우라가 있어
때때로 푸른빛, 노란빛, 파노라마 슬픔 막무가내 발광하겠지

나도 어미가 있고 내 어미도 또 그 어미가 있었지
그 어미들은 또 무한 어미를 갖고 있어 이 보이는 세계는
알고 보면 모두, 어미들 일가친척 한통속 가계,
적나라하게 내 앞에 벌어진 저 우주 튼실한 뿌리 쫓아가면
휘황한 가스, 먼지 어미들 한 판 페스티벌 벌이고
그 너머, 무에서 유가
유에서 무가 또 서로의 살뜰한 어미 되어
쓰다듬고 핥아주고 있으리

출처 없는 것이 이 세상 어디 있겠는가
오랜 유전의 뿌리로부터 전승된 내 미토콘드리아 속에도

이미 늙은 어미들의 가계 코드와 습
고스란히 내장되어 있으므로
결국, 나는 그들이 집대성한 최신 결정판 아바타,

조그만 콩 속에서 무성하게 번식한 내 조상들,
그 삶의 미세 문양들 속, 내 목숨 한 점 정교하게
돋을새김 한다

조금 더 장면을 확대하자, 어미 팔 매달려 자맥질치는
검정쥐눈이콩, 쉼 없이 허공 장막 가르는 모습
선명히 클로즈업된다

내가 들어온 문 하나 있을 것이다

완벽히 음 소거된 아침,
모든 게 비로소 투명해진다
이 고요의 투명한 벽 어디쯤
필경 내가 들어온 문 하나 있을 것이다

수억 년 전에도 있었던 문
늘 왕래하는 이들로 북적거렸던 문
한번 퇴장한 이들 언젠가 또다시 입장할 문

하지만 그 문 열고 다시 들어올 땐
반드시 전생의 모든 흔적 삭제해야만 한다

우리는 누구나 그 문 통과하여 이곳에 입문한다

여기 내가 왜 왔는지,
또 어디로 가는지,
거기 돌아가선 다시 무얼 하는지,

후손들 바통 물려받아
정신의 날 시퍼렇게 세운 채 절차탁마하고

〈
문 없이 출입 가능한 그 비법 알게 된다면 우린 더 이상
이곳에 들어와 경주하지 않아도 되는 대 자유인

그땐 낡은 포로수용소 같을 빈 집
아무도 찾지 않을 잊혀진 집

입구 저쪽에선 아직도 이곳에 들어올 실루엣들
문전성시 아우성이다

이 고요 어디쯤
필경 우리의 입구이며 출구인 문 하나 있을 것이다

이전移轉의 묘법

전에 살던 곳 전화번호가
드디어 이전되었다는 연락받았다
전에 살던 집은 인도인 살던 집이었으나
이번 집은 그리스인 살던 집이다

나 저승에서 이승으로 이전했듯, 뭇별에서
지구로 이전했듯, 노인에서 아기로 이전했듯,
백인에서 황인으로 이전했듯,

그렇게 무수한 이전 즐겼으나, 똑같은 곳, 똑같은
사람, 똑같은 이름으로 이전한 적 단 한 번도 없었다.

누구도 내 등 떠밀며 어디로 가라 무엇이 되라
강요하지 않았다. 사이키 조명처럼 경악하듯 그 장면들
명멸했으나, 무수히 악수한 손 잡았다 놓았다 하는 동안
이전의 묘법 배웠다

한 철마다 짐 꾸리고 다시 내려놓으며
저 각진 도시 골목에서 이 도시 저잣거리로,
사상의 거처 없는 무명 노마드처럼
나 바람의 오지 돌며 이전했다

은판나비

어둠의 스크린 속으로 내가 빨려 들었다
나는 미세한 발광체였다
내 몸이 없었다 거미줄보다
가느다란 레이저 망을 뚫고
내가 긴긴 통로를 따라 무작정 빨려 들어갔다
내가 발을 쭉 뻗으니 무엇인가 발끝에 닿았다
팔을 쭉 뻗으니 손가락 끝에 무엇이 닿았다
그래도 어딘가 빈 곳이 있었다 아직도
우주가 헐렁했다
내가 다 자라려면 아직 멀었나요?
나는 가끔 외치곤 하였다
나를 담은 우주가 자주 겉돌았다
나는 몸부림치듯 내 집을 뒤흔들었다
집이 무너져 내렸다 내 몸에서
희디흰 그 무엇이 서서히 날개를 펼쳤다

젖은 은판 나비였다

2부

이 시대의 건축가

저 거미 배포 좀 봐라
저렇게 꼼짝 않고 제집에 제가 반해버린 거미는 참
가진 게 줄밖에 없어
느리거나 날렵하거나
단번에 옴짝달싹할 새도 없이 결박해버리다니

평생 제집의 고요에 길들은 저것,
혼자면 어떠리 제 허공 법망 한가운데
큰 대자로 매달려 온종일 꾸역꾸역
빠져나가는 시간에 낚싯바늘 던져 넣고 졸고 있는데

그가 지었다 헐어버린 집이 그간 몇 채인가
이리저리 허공 꿰매고 누비고 중앙에 떠억 버티고
들어앉아 있으면
무서울 것도 아플 것도 없는 한 생이 지나간다

얼핏 날아든 날벌레 한 마리 버둥거리다 가만히 숨 멎고
제집 들고나는 문도 없이, 집문서 땅문서도 없이
아무 데나 제 몸 하나로 지은 건축물이 적멸보궁 아니겠냐고
느릿느릿 주검 향해 다가서는 거미 한 마리

아름다운 가문

나는 나의 가문에 프라이드를 갖습니다
아버지는 중앙시장에서 리어카 끌며 야채 팔아
나를 키웠습니다
타인 속이는 걸 가장 두려워했던 아버지는
마진 없이 장사하였으며 저녁이면 파 썩는 냄새
막걸리 냄새 코를 쥐었으나
전대 속에선 늘 정직한 노동의 대가가 절랑거렸습니다
어머니는 경동시장에서 옥수수 떼어다 삶아 머리에 이고
가가호호 골목골목 누볐습니다
목숨 내놓고라도 절대 어둠과 결탁하거나 비굴하지 않아
자존심 강한 어머니는 늘 가난이 괜찮다 하시며
밤새도록 끙끙 앓는 소리를 냈습니다
할아버지는 외진 골목어귀 굽은 허리로 온종일
구두 수선했습니다
양심과 정직은 돈이나 명예와도 바꿀 수 없다고
성품이 늘 대쪽같이 꼿꼿하고 강직한 할아버지 그렇게
평생 세상 가난 한 잎 한 잎 모아, 가훈처럼 마루 밑에
돈 항아리 묻어놓고 홀홀 떠났습니다
할머니는 전국 팔도 선남선녀 짝지어주고
사람으로 왔으니 꼭 사람답게 사랑하며 살라고

서로의 눈에서 눈물 나게 하면 안 된다고
꼭 한 말씀씩 꼭꼭 쥐어주고 옷이나 쌀 받아왔습니다
이 분들 모두 자기 생 최선 다했으며 타인 가슴에
못 치는 일 없이 선하게 사셨습니다
경전 읽은 적 단 한 번도 없으나
이 세상 팔만대장경 한복판 정도를 뚜벅뚜벅
걸어가셨습니다
나 이분들 닦아놓은 토대 위 태어나
단 한 번도 내 조상님들 욕되게 한 적 없습니다
이승에서나 저승에서나 늘
내 든든한 후원자 되시며 나를 프라이드로 알고
계신 분들이십니다
내 가문은 참말 아름다운 가문입니다

곁

이른 아침부터,
노숙자 사역하는 사람들이 빵과 커피를 들고
센추럴파크 앞에 모여 있다
어떤 노숙자는 한여름 반팔티를 입고 초겨울 벤치에
누워있고 어떤 노숙자는
사람들이 버리고 간 쓰레기통 은박지 속의
무엇인가를 꺼내 먹는다
오래전부터 깎지 않은 더부룩한 수염에 엉겨 붙은
정체불명의 흰 부스러기들

노숙자 사역하는 사람들이 다가가 빵과 커피를 건네준다
어떤 노숙자는 눈물 글썽거리고 어떤 노숙자는 환히 웃는다
어떤 트라우마를 겪은 노숙자는 노 노! 하며 뒷걸음친다

이 시간대 같은 하늘을 이고 같은 대지를 밟고 있는 한
우리는 눈물겨운 동지,

새 떼는 무리 지어 출근하듯 하늘을 가로질렀고
햇빛 나누며 곁을 내주는 나무들은
우리가 할 수 있는 일이란 그저 이렇게 오래오래

곁을 나누는 일뿐이라고
이구동성 머리를 끄덕인다

노숙자들이 벤치에 빙 둘러앉아 끼니를 나누며
주거니 받거니
김 오르는 커피를 따른다

지구별 어드벤처

청소년 정신건강센터 자원봉사 상담시간,
목소리 주인공은 올해 17살이라 했다
죽고 싶어요
사람이 왜 여기 태어나 이처럼 고통스럽게 살다가
마침내 죽어야 하는지 모르겠어요
나는 어린 붓다에게 말했다

누가 널 보내서 여기 온 게 아니지
너 자신이 스스로 왔지
네가 오니까 비로소 캄캄한 우주가 열렸지
네가 아니면 저 태양도 달도 떠오를 수 없지
이 지구여행은 너의 고귀한 어드벤처지
와서,
너 자신과 면벽하는 것이지
네가 누구냐고 끊임없이 스스로 묻고 사귀는 거지
너의 참 뿌리가 무엇인지 아는 거지
네가 바로 신이라는 것을 깨닫는 거지
수억 겁 살았던 무수한 너 자신들의
총체적 종합 결산이 바로 지금의 너이지
그러니까 너 자신을 아끼고 사랑해야 하지

가장 만나봐야 할 사람도 너이며
최종 목적지도 너 자신인 거지

우연히 갱단에 가입하여 코케인과 마리화나를
상습적으로 흡입하였으며
늘 자신감도 없고 죽고 싶다 했다
주변에 속 이야기 나눌 가족이나 친구도 없다 했다
어린 붓다가 다섯 시간 동안 전화를 끊지 않았다
이제부턴 자신을 진정으로 아끼고 사랑하겠다 울먹였다
어느새 내 눈시울도 젖어있었다
그래 고맙다 이 지구별에 네가 와 주어서 참말 고맙다!

바람의 팜파탈

작두 위 칼날 타는 무녀 같다
아까부터 가느다란 전선줄 위에서
겨울 삭풍 한 줄기 줄타기한다 아니,
줄이 바람 데리고 엄한 신녀처럼 호통 친다 그렇게
춤사위가 약해서야 삼대천 하늘 서슬이 어디 시퍼레지겠느냐,
쇠방울소리 요란하게 별들 떨어져 내리겠느냐

답십리 살 때, 앞집 살던 18살 선옥이,
웃을 때 보조개 예쁘던 그녀가
신내림 받던 날, 나 그녀가 맨발로 작두 타는 것 보았다
몇 번 죽을 고비 넘긴 후에야 허공 능선과 구릉 오르내리며
칼날 위 한 리듬 터득하게 되었던 것이다
정신지체 장애자 아버지와 맹인 어머니와 두 동생 위해
아무리 먼 산간벽지라도 억척같이 달려가
제수 굿, 성주맞이, 푸닥거리, 진오기 굿판 걸지게 벌이던 선옥이
생의 경지가 더도 말고 작두날 타듯 해야
삶의 억센 요새 옴짝달싹 못하게 함락시킬 수 있다고
담담히 들려주던 선옥이

새파랗게 질린 겨울 하늘 밑, 저 바람

살아있는 칼날 위 신명 나게 춤추는 법
이제야 터득하게 되었을까
끝 벼린 칼날의 날카로움 비로소 읽었다는 듯,
바람이 줄 퉁기며
능란하게 공중제비 휘돌아 치고 있다

헬로우, 동두천

길 건너편에 사는 하인즈 씨,
오늘도 그는 휠체어를 타고 문밖에 나와 있었다
그는 한국전 참전했다가 두 다리와 한쪽 귀를 잃었다
정확히 동두천이라 했다
총알이 관통한 두 다리를 잘라야 했다
천만다행 총알이 스쳤다는 그의 얼굴은
밀반죽을 으깬 듯 왼쪽 귀가 뭉개져 있었다
캄캄한 봉분이라도 마악 열고 나온 듯,
앙상한 손가락 가늘게 떨며,
그가 나를 보자마자 또다시
동두천 필름을 돌려주기 시작한다

-그때 동두천에서 우리 부대가 중공군에게
쫓기고 있을 때였지
피난민은 개미 행렬처럼 끝이 없었지 그때
그들의 무차별 사격으로
논두렁, 밭두렁에 수수 이삭처럼 목숨들이
픽픽 쓰러졌었어-

회상하는 그의 눈 속 바람이 일었다

포연 속 총알을 뚫고 다시 살아난 것은 그야말로
천운이었다고,
몸뚱이 반 토막뿐인 그는 다시 내 손을 움켜잡는다
자신의 몸뚱아리가 반 동강이 일지라도,
새벽마다 두 눈 뜨게 되어 늘 고맙다 한다
그 흔한 공기, 물, 햇빛에게도 고마워 눈물 난다고,
흐린 잿빛눈알 속, 에게해 같은 푸른 물줄기 하나
떨리고 있었다
나는 그의 손을 가만 잡아주었다 차마
그의 눈 속, 강물 바라보지 못한 채 저 허공
문득 바라보았는데 둥근 황도 같은 달 하나 조용히 걸려
어둠 속 고개 숙인 마을지붕들 머리 위를 일일이
가만가만 쓰다듬어 주고 있는 것이었다

거인 발자국

세계적인 갑부 존 홀링스워즈는 이 세상 떠날 때
전 재산과 토지를 사회에 모두 환원했다 그는 늘
본사 공장 뒤편의 초라한 트레일러 속,
남루한 옷차림으로 걸인처럼 살았다

이 별에 알몸으로 와 머물며 그간 먹고 입고 살았으니,
마땅히 수확물은 이 지구의 것,
살아생전 무수한 밥상 받아 밥숟가락 들고
식탁에 오른 타의 죽음 배불리 떠먹었으니
이 별에 와서 얻은 것 또한 모두 이 별의 것이다

이 지구 또한 거저 존재하는가
가늠하기 불가한 저 우주 가스 공간에
행여 깨질세라 알을 품듯, 몇 겹 공기로 이 지구를 꽁꽁
싸고 또 싸매어 준
늙은 우주 어미 마음도 오래 생각해보는 저녁,

평생 아껴 모은 재산과 자기 모든 것 남김없이
훌훌 벗어놓고 떠난 거인 발자국,
〈

오직 내 것 끌어안고 밤낮 허덕이는 나
헐벗은 타인 위해 무엇을 내준 적 있었던가

굿모닝

아침이 밝아오자 홀리네임 병실 복도에 노래가 번집니다
굿모닝, 굿모닝
저 노래야말로 새벽을 여는 만트라
나는 침대에 누워 저 노래 가사 곱씹어봅니다

흰 가운과 녹색 가운들이, 흑인 남자 간호원들이
암호처럼 주고받는 말,
코에 옥시전 끼운 채 저 캄캄한 세상 쪽으로 시선 돌린
중환자를 싣고
침대 밀고 가며 굿모닝

엘리베이터 탄 사람들 죽음의 지층에서 삶의 고층까지
오르락내리락하며 굿모닝 주문을 외웁니다

엊그제 입원한 여자가 고장 난 심장 혈관을 고쳐 끼우고 또
신장투석을 받기 위해 병실 나서며 굿모닝

굿모닝 속으로 말끔히 차려입은 정오가 새 입원환자처럼
병실에 들어서고 있습니다
좋은 아침을 염원하는 환자들의 여기저기 아픈 부위에서도

종소리 여운 같은 간절한 소망이 말랑하게 만져집니다

굿모닝은 심신의 상처를 치유로 유통해주는
강력한 주문입니다

밥

밥은 먹었느냐
사람에게 이처럼 따뜻한 말 또 있을까

밥에도 온기와 냉기가 있다는 것
밥은 먹었느냐 라는 말에 얼음장 풀리는 소리
팍팍한 영혼에 끓어 넘치는 흰 밥물처럼 퍼지는 훈기

배곯아 굶어죽는 사람들이
이 세상 어느 죽음보다도 가장 서럽고 처절하다는 거
나 어릴 때 밥 굶어 하늘 노랗게 가물거릴 때 알았다
오만한 권력과 완장 같은 명예도 아니고 오직
누군가의 단 한 끼 따뜻한 밥 같은 사람
되어야 한다는 거

무엇보다 이 지상에서 가장 극악무도한 것은
인두겁 쓴 강자가 약자의 밥그릇 무참히
빼앗아 먹는 것이다

목숨들에게 가장 신성한 의식인
밥 먹기에 대해 누가 이렇다 할 운을 뗄 것인가

공원 한 귀퉁이, 우두커니 앉아있는 이에게도
연못가 거닐다 생각난 듯 솟구치는 청둥오리에게도
문득 새까만 눈 마주친 다람쥐에게도 나는 묻는다

오늘
밥들은 먹었느냐

줄

한 사내가 줄에 간당간당 매달려있다
브로드웨이 번화가 30층 건물 꼭대기
아슬아슬하게 그러나 편안히 공중에 안겨있다
비계 위 처연히 앉아 조용히 그네 타는 사내,

사내는 천천히,
줄 끝에 달린 양동이에서 세재 묻은 대걸레 꺼내
대형 유리창 쓱쓱 문지른 후 다시
줄 휘청거리며 가벼이 점프,
아래층 공간으로 정확히 하강한다

줄에 목숨 꽁꽁 묶고
공중에 떠 있는 공포와 사귀기까지 그 얼마나
오랜 뒤척임이었던가
미세한 바람에도 과민 반응하는 줄의 반동과
밑도 끝도 없는 허방 중심 잡기 위해
얼마나 몸부림쳤는가 때로
예측불허의 기류는 그를 죽음으로 내몰기도 했다
저 허공에는 난간이 없다
저 한 줄에 60킬로그램 대롱거릴 때

공중에도 내려가는 계단이 있다는 것을 터득한 사내

그의 줄이 또다시 휘청거린다
수직의 벽 퉁겨 오르다 내려선 그의 발은
허공 한 칸 명확히 내려선다

줄 하나 덕분에
따뜻한 저녁 식탁 앞에서
그의 어린 새끼들 재잘거릴 생각에, 줄 위에 매달린
그의 얼굴은 벌써 저리 환한 보름달이다

픽셀의 세계

컴퓨터 화면 속
사물들 확대하여 이리저리 잘게 쪼개다 보면
최후에 남는 픽셀 하나,
어떤 형상이 펼쳐질지 예측 불가한 사각의
빈집 하나만 달랑 남는다
거기서 인류 최초의 기원이 비롯되었을 터,
이 픽셀이 산천을 빚고 꿈틀거리는 물고기 빚고 사람을 빚어
이 가상세계 한판 쩍 벌여놓은 것,

내 모습도 결국
그저 픽셀들의 한 구조물에 지나지 않을 뿐이다
그나마 내 픽셀들마저 모두 삭제해버리면 그때부터
실로 무한 여백의 광활한 대공이 내 눈앞 훤히 펼쳐진다

그러니 어찌 내가 있다 없다 논할 수 있단 말인가
내가 살아도 나는 없으니, 나를 무엇이라 이르겠는가

눈뜨면 이 가시적 세상 속 그저 울고 웃는 시시비비 분별,
선하다 악하다 더럽다 추악하다 가타부타 논설마저
일체 객쩍은

홀로그램 가상세계임을 나 깨닫는다

아무것도 실존하지 않는 묘법 세계인 저편에서
이편으로 건너오는 나들목에
오직 최초의 원 픽셀이 나를 디자인하고 현현시켰을 것이다

한낮 동안 거푸 픽셀 쌓고 허물다가
디자인아트 소품 하나 탄생시킨다 이 창조물도
저 천의무봉한 그곳에서 원 픽셀씩 뽑아온 것이다

빈집

볕 좋은 날, 외삼촌의 묘를 이장했다

영락없이 빈집이었다
그 오래된 빈집은 혼자 놀고 있었다
낡은 어둠 한 묶음이 채 풀지 않은 편지처럼 현관문에
단정히 꽂혀있었다
가구 다 빼낸 빈집이 이렇게 환할 수 있다니

낡은 벽 사이 쩍 갈라져 틈새에 무명 강이 생기고
안방 침대 밑 먼지들은 모든 생각을 멈춘 듯 조용했다
아직도 거실 탁자 위엔 한때 페튜니아꽃을 담았던
어두운 꽃항아리,
거실 카펫 구석, 납작 엎드린 100원, 혹은 500원짜리 동전들
녹슬었을까 대체 이것들은 녹이란 옷을 한번
입어보기나 했던 것일까
위대한 조형물 설치작가인 거미들은
마지막으로 사각 천정 모서리마다 조형물을 살뜰하게
디스플레이했다

이 집을, 평생 외투처럼 입고 살았던 목숨의

흔적과 무늬를 나 가만 더듬어본다
생전, 중앙시장 장터를 누비던 파 장사, 배추장사의 리어카가
얼핏 골목을 돌아갔는데
한여름 밤, 천둥 번개가 흘끔 들여다보았을 그 빈집,
나 오래 들여다보니
캄캄하게 소등된 빈집이 마치 허공을 잘 눌러 담은
골 깊은 항아리만 같았다

결 무늬 삭아 빠진 관속에서 빈집을
조심스럽게 꺼내놓은 인부들은
무덤가에 둘러앉아 아, 햇빛 차암 좋다! 마치 생전 처음
이 별 위에서 서로 만나기라도 한 듯, 오늘이 새것인 듯,
반갑게 서로가
쨍! 잔을 부딪치는 것이었다

내가 고맙다

자기 자신에게 사랑을 고백해본 적 있으신지요
애썼다 고맙다 말해본 적 있으신지요
자신을 격려하고 등 토닥여본 적 있으신지요
자신에게 두 무릎 꿇고 자신에게 절해 본 적 있으신지요
누가 뭐래도 자기 자신만큼 가까운 베스트 프렌드는 없지요

병실에 누운 사람들이 가장 먼저 후회하는 것,
자신을 사랑할 걸 그랬다고
자신을 공경할 걸 그랬다고
자신에게 함부로 이야기하지 말걸 그랬다고
자신을 함부로 대하지 말걸 그랬다고

나만큼 나를 아는 사람 또 지상에 보셨나요
우주를 연 것도 나이며, 우주를 닫는 것도 나인데요
내 육신에게 늘 고맙다는 칭찬 한마디 해준 적 없어
내 심장아, 위장아, 간아, 허파야, 신장아,
비장아, 대장아, 소장아, 두 팔다리야, 안이비설신眼耳鼻舌身아,
애썼다고
나는 난생처음 고백하였습니다
〈

내가 눈뜬 이래 한시도 쉬지 않고 나를 보존하고
무상보시하는 내 안 고귀한 생명들에게,
속말 털어놓습니다
수천 겁 나 이끌고 여기 와 내려주었으니
애쓴 나의 뿌리야 고맙다
내가 나를 으스러지게 힘껏 껴안았습니다

3부

당신은 늘 흐르고 있습니다

당신은 지금 가민히 있는 대도 출렁기리지 않습니까
당신의 내부에서 뽀글뽀글 방울이 기지개 켜는 것이 느껴지고
그들이 상승하지 않습니까
당신 마음의 파장이 둥그런 물무늬처럼 번져나가 결을 만들고
가라가라 등 떠밀지 않아도 그 자리에 당신이 부재하는 것,
당신이 고정됨 없이 유랑하기 때문입니다

당신이 간혹 물방울 떨어지는 소리로 울고 있거나
흰 파도처럼 공기 물어뜯으며 자지러지게 웃고 있거나
하지 않습니까

당신은 흐르는 족속,
당신이 바로, 여기, 지금, 없는 이유,
오직 수정 불가한 프로그램이므로, 도저히 변경할 수 없습니다

환의 놀이를 정지할 수 없는 당신,
사방 밀려다니거나 주룩주룩 흘러내리거나 남몰래
의식 밖으로 조금씩 누수되는 생과 혼을 가졌습니다
스스로 잡아 묶어도 **빠**져나가는 당신은 매우 미끄럽습니다
그러니, 어서 긴장을 풀고 편안히 흔들리십시오

흐름은 흐름만이 완성입니다

우주 모둠탕이 펄펄 끓는다

우주 모둠탕을 끓인다

한 가마솥에 산을 숭숭 썰어 넣고
바다를 바가지로 넉넉히 쏟아붓고 모둠탕 펄펄 끓인다
붉은 것, 푸른 것, 뾰족한 것,
파, 마늘, 깨소금, 후추
온갖 양념 다져 집어넣고
걸쭉하게 끓인다
봄 여름 가을 겨울 사계도 다듬을 필요 없이
통째 집어넣고 끓인다
귀하다 천하다 더럽다 깨끗하다도 없이

잘 익고 있느냐, 산천아, 새야, 물고기야

한 솥 안에서 뭉게뭉게 솟구치는 물질의 냄새
썩은 내 단내 맛없다 맛있다 할 것도 없이
보약이다 독약이다 할 것도 없이 푹 익힌다

인간이란 오만의 뼈도 무명 벌레의 슬픔과
한데 뭉크러져 잘 끓고 있다

⟨
끓어라!

끓어야만 돌아가는 막무가내 우주 시스템
억겁 이전에도 끓었고 억겁 이후에도 펄펄 끓고 있을
이 가마솥 속에서
미완의 고장 난 퍼포먼스는 결코 멈추지 않는다

여긴 오직 끓어야만 살 수 있는 곳이다

나를 찾습니다

나는 나를 찾아 헤맸다
어디에도 나는 없었다

 얼굴은 우주만 해서 눈 코 입이 만져지지 않고요 비출 만한 거울이 이 세상에 없어 한 번도 본 적 없고요 목소리는 적막 너머 있어 단 한 번도 들어본 적 없고요 온기 있는 손이라도 잡아보려면 세상천지에 그렇게 내민 손이 없더군요 누가 이렇게 크고 깊고 넓고 모호한 존재를 본 적 있나요 나는 나를 찾아 헤맸지만 나 같은 비슷한 사람조차 본 적 없고요 만나면 포옹하려 긴 양팔 준비했지만 껴안아본 적 없고요 내가 누구인지요

 공기에 날 비추어보면 수천수만 공기알들 속에 내가 들어있어, 나 여기 있어 나 여기 있어 저마다 합창하여 어떤 것이 진짜 나인지 알 수 없군요 어디선가 매번 넘치는 생각들이 흘러와 찰랑이는데, 대체 누가 보내온 것인지 출처를 모르겠네요 원도 끝도 없이 날아다니는 원자, 전자, 광자 속, 텅텅 빈 무의 공간 속에서도 이름 없는, 이름 모를 존재뿐! 나와 내가 만나 서로 포개질 때 내 얼굴과 내 몸이 서로 알아볼까요 어디서 살던 무기명 침묵들처럼 깊고

오묘하게 서로 스밀까요

 '나를 찾습니다'라고 염송하며, 나 저물녘 허드슨 강변을 걷고 있다

나의 아트만에 대한 몇 마디 변론

화두도 성가시다
그저 면벽한다

어떤 놈이 장승처럼 우두커니 여기 앉아있는가
이놈이 누구인가 이놈이 대체 어디서 온 놈인가
어떤 놈이 나로 하여금 이놈 지켜보게 하는가
어떤 놈이 내게 이것저것 말하고 듣게 하고 어떤 놈이
내게 이래라저래라 끌고 다녔는가

서로가 쏘옥 빨려들 듯
저쪽에서 나를 노려보는 놈과
이쪽에서 건너다보는 놈과
무슨 관계인가

쌍방 빈틈없이 영혼과 육신이 딱 핀트가 맞아떨어졌는가
이놈 부르면 저놈이 네, 대답하고
저놈 부르면 이놈이 네, 대답하고
똑같이 생긴 이놈들은 대체 어떤 놈들인가

두 시선이 끊어질 듯 팽팽하다

〈

일거수일투족 똑같이 움직이고 생각하고 말하고 웃고
동고동락하는 이놈들 그릇 크기와 깊이도 똑같다
어쩌다 둘이 한판 난장 벌이다가 고요 한 사발 하며 허허,
어수룩하게 마주 보고 웃어젖히니
이놈들 내 아트만 한 쌍, 참말 아무런 죄가 없다

생각의 주름무늬를 위한 노래

애팔래치아 산맥 중턱에서 보았다

자신의 그림자 위 가부좌 튼 바위 하나,
깨지고 금 간 표면 틈새에 온통 이끼 투성이, 요지부동이다
한눈에 보아도 생각의 뿌리가 깊은 바위다

이 세상에서 존재를 증명할 수 있는 것은 오직 생각뿐이라고
삶이 위태로워 벼랑 끝 추락할지라도 오직 중심의 생각 하나면
끄떡없다고 전하는 듯했다

그래그래 모든 존재의 중심은 생각이지
생각의 뿌리가 깊어야 자신의 축을 세우고
먼먼 조난자를 비추어 주기도 하지

생각은 주름을 가지고 있어 펼칠수록 늘어나지
좋은 생각은 주름무늬도 아름답지
생각은 생각을 물고 오지 생각이 다가올 때
바로 찰나에 붙잡지 않는다면 그대로 소멸하지
생각은 생각의 패턴을 디자인하기도 하지
〈

때로 생각 하나로 세상이 뒤집히고 목숨이 간당거릴 수 있지
그러므로 생각을 위험한 칼 다루듯 신중해야 할 때도 있지
이마에 우레번개 받아도 끄떡없는 생각의 축 하나면,
이 세상 무엇이나 간단없이 통과할 수 있는 유일한 비법인 것,

생각은 생각이 관할하지 생각의 씨 뿌리고 키우고 뽑아
채집하기도 하고
오물 같은 생각은 가차 없이 태워버리기도 하지

이 세상에선 생각을 어떻게 잘 두는가에 따라
생의 승패와 당락이 정해진다
나 바위에 올라앉아 골똘히 내 생각의 주름을 편다

나는 몇 번이나 옷을 벗고 입었던 것일까

계절이 바뀌자
메이시스 백화점 마네킹들이 일제히 새 옷 갈아입는다
먼저 스패니쉬 종업원이 마네킹의 낡은 옷 벗기고
신상품 새 옷 갈아입힌 후 고정핀을 꽂아 품을 교정한다

나 물끄러미 바라보다가 문득 궁금해진다
나는 몇 번이나 내 옷 벗어버리고 새 옷 갈아입었던 것일까
내가 입었던 숱한 여자와 남자 의상은 또 몇 벌이었을까
내가 달았던 태그 같은 이름들은 또 몇 개였을까

여기 산다는 것, 철 따라 옷 한 벌 입고 살다 벗어버리는 것
날마다 온갖 뉴스로 넘쳐나는 이 별
내 집 드나들 듯, 들락날락 왕래했을 것이다

제각각 옷 한 벌씩 걸친 채
브로드웨이 빠져나가는 행인들 속,
누군가는 때때로 무참히 찢긴 옷자락에
절망하기도 하였을 것이며
누군가는 원치 않아도 어쩔 수 없이 옷을 벗어야
했을 것이다

〈
쇼윈도 속, 이제 옷 단장 마친 남녀 마네킹들이
새 옷에 또다시 적응하며 한 철 내내 제 자리 지킬 것이다

촛불의 전설

느닷없이 정전이다

세상이 끊기자 낯설고 무서운 어둠들이
한꺼번에 들이닥쳤다
더듬더듬 켜다 남은 양초를 찾아 서둘러 성냥을 그었다

어둠이 찢기면서 사방 스파크가 일었다
촛불은 칼날을 갈더니 실내에 침입한 어둠 하나씩
베어 넘어뜨렸다
힘센 어둠이 가끔씩 저항하는지 촛불이 격렬하게
푸드덕거렸다
어느 틈엔가 겁에 질린 적막은 방구석으로 몸을 피한 채
말없이 떨고 있었다

나의 촛불은 전사처럼 위대했다
어둠들 하나둘씩 항복하며 그에게 매달려
주르르 흘러내렸다 그가 만들어준 노오란
타원형 막사 속에서 나 그의 펄럭이는 얼굴 우러러
경의를 표했다

그는 고대 어느 족장처럼 머리 위 깃털 나부끼며 내게 전

설을 들려주었다 목숨 걸고 부족을 지켜내었던 이야기, 집채만 한 코뿔소를 피투성이로 넘어뜨린 이야기, 도둑처럼 몰래 침입한 가난들 멀리 내쫓은 이야기
그가 들려주는 행운을 불러오는 주문, 병마 물리치는 주술, 간절한 염원 담은 진언까지 나 줄줄이 따라 외웠다
방구석의 적막도 어느새 다가와 내 무릎 위
곤한 잠이 들었다

그가 내 **뼈아픈** 슬픔을 요람처럼 잔잔히 흔들어 주었다
삶이란 불시에 정전이 되기도 하지, 하지만
그것은 찰나이고 말고

나는 내 가난한 심지 활활 태워 그 전설 속으로
녹아들 때까지,
격전지 출전하는 전사처럼 그와 함께 맹렬히 타올랐다

아스바타목*

내과병동 닥터 캣츠가
벽에 걸린 인체 해부도를 가리켰다

내 몸속 붉은 가지 푸른 가지들
이렇게 우람한 정자나무 그늘 밑에 누운 장기들은
참 신비하기도 하지

구불구불 구곡장강九曲長江,
백회에서 용천까지 잘 꼬인 자일 같은 실핏줄 따라, 때로
꽁꽁 묶이고 엇갈리며 한 치 오차 없이 상호 맞물린 저들
코일 감듯 잘 감아진 근육과 단단한 뼈대가
주야로 범람하던 내 슬픔의 무게 잘 지탱해 주었을 것이다
검붉은 장기들 사이, 가스와 분자 덩어리 속으로
날아가는 유성들
호른 소리처럼 흘러갔을까 공기는 나를 연신 풀무질하여
차디찬 내 얼음 구들장 밑으로
따스한 군불을 지폈을 것이다

어디선가 고함소리, 쇠망치질 소리,
전화 거는 소리, 싸우는 소리, 우는 소리

〈

내가 그 아스바타 화엄이라니,
내가 부양하는 몸속 수십 조 세포들 생각해본다 어찌
내가 살아도 나 혼자 산다고 할까, 저 무한 허공 속,
나 하나 잘 굴러가게 하기 위하여
서로 부둥켜안고 뒹굴며 내 몸 무성한 이파리들 와짝
틔워냈을 그 생명들, 나 우주나무 한 그루

* 아스바타Asvatha목 :『우파니샤드』경전, 일명 우주목, 거꾸로 선 나무 이름

거주 증명서

지상의 모든 그림자들은 침묵으로부터 왔다 아무리
모질게 아파도 그들은 비명을 지르지 않는다

먼 겨울 하늘,
춤추며 혼자 발을 내리는 눈송이
시린 햇빛에 등 기댄,
우두커니 풀밭에 앉아있는 홈리스 고양이
철조망 아래 그림자 떨구고 빠알간 발가락으로
잔뜩 철조망 움켜쥔 괭이갈매기
내게 안부 묻고 넓은 등 보인 칸나 꽃들
그들은 모두, 떠나갈 때
자신의 그림자 말끔히 거두어 간다

누가 내 존재를 갑자기 불심검문한다면
나는 서슴없이 내 그림자 한 장 꺼내 제시할 것이다

'이 지구별 거주 증명서 한 장'
〈

나는 시시때때로 쓰러지는 내 그림자 일으켜 세우며
너덜너덜 해진 그림자 한 벌 다시 꿰매어 입고
마지막 안간힘 쓰기도 하였다

내 그림자는 단 한 벌뿐이다
내 육신으로 만든 단 하나의 인장이며,
이 지구별 유일무이 거주증명서인 것이다

나는 발 없는 발을 가졌습니다

내가 이 지구 등에 업혀 어찌나 빨리 돌아가는지요
아침에서 저녁으로, 다시 저녁에서 아침으로

내가 딸에서 어머니로, 어머니에서 딸로
한 나라에선 시민으로, 이 지구별에선 지구인으로
은하계에선 은하인으로, 우주에선 우주인으로
고정됨 없이 내가 이 역할 저 역할 한꺼번에 다 하던지요
그러하니 이들 중, 과연 어느 누굴 고정된 나라고
일컫겠는지요

내가 방금 전 생각에 붙어 머물 겨를도 없이
내가 방금 전 한 일 그림자 채 거둘 참도 없이
오른발 왼발 내 발자국 새길 틈도 없이
내가 어찌나 빨리 회전하던지
나도 날 정지시킬 수 없답니다

나 저 허공에 밧줄 하나 걸지 않은 채
조상과 후손 사이 내통한지

이미 누천년이 일각처럼 흘러가버렸습니다

내 발 없는 발은 시공조차 걸림 없어
과거 현재 미래란 경계 없이 자유자재 떠도는 발

천지사방 어디에도 막힌 데 없어 뻥 뚫린 길들
모두 다 나의 길입니다

물의 얼굴

물의 얼굴을 보았다는 사람들은
이렇게 말한다
이목구비를 만지려고 했더니
그만 사라졌어요
아니, 순식간에 날아갔다고
푸드덕거리는 날갯짓소리 들었다고

세면대에 수돗물을 틀어놓거나
샤워기 속에서 쏟아져 내리는
이 제멋대로 자유자재한 모습의 존재가
다른 별에는 없는데
유독 지구 표면에만 젤리처럼 악착같이
달라붙어 떨어지지 않고
분말처럼 부서지지 않고
혼자인 듯 여럿이
부드러운 힘으로 사람을 키우고
들꽃을 빚고
〈

매초, 삶과 죽음의 궤적을 그리며
몸 안 심산유곡 휘돌아 치는 물소리,
하지만 물의 힘을 아는 사람들은
산목숨 물주머니 아닌 것 하나 없어 무릇
인연 스칠 때마다 서늘한 숨꽃 툭, 틔워준다 한다
단 한 번도 그 변화무쌍한 천의 얼굴,
바로 본 적 없으나 그 품이 넉넉하다 한다

나는 찬란한 신들보다 더 오래되었다*

나 처음에
저 증폭된 무한천공의 칠흑 같은 고요 속에서 자랐다
고요 밀도가 점점 팽창하여 그만 터져버리자 첫 우주방울
하나 열리고, 하나가 열이 되고, 열이 백이 되었다
그 후 빛나는 우주 원소들이 가스와 먼지 응축시켜
천공 가득 별들을 제작하고 회전시켰다

나는 저 질긴 존재들의 원형질,
나 우주 원소의 어미와 동일하였으므로
내가 어찌 신들보다 더 오래 살지 않았으랴
나는 신들보다 더 오래 발효되었으므로
무변광대한 우주 가스 먼지로 떠돌며,
어떤 패턴이나 스타일도 없이 이것이 되었다 저것이 되는
무명 자유를 누리기도 하였다
나 신들의 거소 지나 마침내 한 형상에 이르렀으므로
내 무엇을 두려워하랴

나는 늘 누군가의 아버지이자 그 자식을 유전하였고

암수 유전하며 무수한 죽음의 경험으로
이곳 수시로 왕래하곤 하였다

나는 나를 얼마나 오래 여닫았는가
나는 나를 얼마나 오래 사용했는가

나는 저 늙은 근원의 꽃,
첫 궁창의 장막을 찢었던 그 한 알 생명의 꿈

나는 그 무성한 존재들의 발현을 축복하고
격려하는 바로 그이,
저 신들보다 더 오래된 불멸의 동맥*인 것이다

 * 나는 찬란한 신들보다 더 오래되었다. 나는 절대자의 첫아들
이며, 불멸의 동맥이니라 - 우파니샤드

생일 꽃다발을 사양합니다

내 생일이라고, 꽃다발 선물하겠다고 그가 말했다 "생일 꽃다발을 사양합니다!" 나는 정색하며 손사래 쳤다 나로 인해 꽃 꺾지 말라고, 햇빛 한 모금 삼키려고 안간힘 발돋움하며 치열하게 산 것이 꽃의 생활이니 역시 힘들었을 거라고, 내가 꽃 보러 여기 왔듯이 나를 보러 한 철 찾아온 꽃들에게 이 무슨 경거망동이냐고, 꽃과 내가 다 같이 이 지구에 와 어둠 속, 삶의 눈물겨운 불 한 등 켜고 살았다고, 나도 꽃의 탄신일에 나를 꺾어 바치지 못했노라고, 누가 누구를 위해 꺾이고 잘린다는 것 꽃이 한 번도 돼본 적 없는 이는 모른다고, 꽃의 어미나 내 어미나 같아서 우린 결국 한배에서 나왔다고

4부

우주 에너지

사람도 죽으면 우주 바퀴를 돌리는 원료가 된다, 사람도
뿔뿔 흩어져 꽃을 키우고 짐승을 기르고 물고기를 살찌운다
사람도 삼라만상 육체의 먹이가 된다 다시
사람은 식물을 먹고, 물고기를 먹고 죽어 다시 평평해진다
죽음이란 다시 제자리에 돌아가 남을 먹이는 것이다
죽어서 정신의 뿌리가 된 생각들은 또다시
생각의 꽃을 저리도 사시사철 만개하고 인류 학습을 갱신한다
타의 죽음을 먹고사는 우리들,
날마다 아침 식탁 위, 푸성귀 뜯어먹었으니
텃밭의 빈 마음 이해하고
심해 가르던 물고기들 무시로 잡아먹었으니 물고기
어미 아비 마음 되자는 것이다
서로 인연 따라 나투고 이해하는 수련과정 거쳐
돌려도 제가 돌렸다 하지 않는 우주 쳇바퀴 돌리자는 것이다
유생 무생 조금 더 제 살 떼어주고 숨 나누듯 마음
나누자는 것이다

죽음은 높낮이 없이 고요한 수평이 된다는 것이다
죽음은 또 다른 저 우주학습으로 새롭게 입교한다는 뜻이다

맑은 순수 에너지가 우주 에너지를 끊임없이 재생산한다

지구인 명상

아득히 오래전
내가 꽃이었을 때 생각하여 함부로 꽃을 꺾지 아니합니다
내가 새였을 때 생각하여 함부로 새를 가두지 않습니다
내가 물고기였을 때 생각하여 함부로 물고기 낚지 않습니다
내가 짐승이었을 때 생각하여 함부로 짐승 해치지 않습니다

내가 미생물부터 사람 옷 입을 때까지 수억 겁 돌아오는 동안
내가 무엇은 안 되어 보았겠는지요
내가 어떤 것의 어미 아비 자식은 안 되어 보았겠는지요
내가 꼬리 달고 날개 달고 쫓기거나 쫓아본 적 없었겠는지요
내가 더러운 것 악취 나는 것 잔인한 것 안 되어 보았겠는지요

나 여기 지구인으로 당도해
천의 얼굴 만의 얼굴 만나 조금치도 부끄럽지 아니했는지
존재와 존재의 경계 너머 물질과 비물질 서로 한 몸처럼
두 뺨 뜨겁게 부빈 적 있었는지 가만 내게 묻습니다

이 생 또다시 쓰는 저녁,
〈

저 어깨축 기울어진 지구는 여전히 나를 태운 채 삐걱대며
불변의 밀교처럼 통 우주체를 돌립니다

나는 신을 이해한다

신과 마음 터놓는 밤이다
그의 호곡 소리가 내 늑골 속 파고든다
신도 자신의 운명을 비관한다 죽을 수도 살 수도 없는
천형의 벌,
그는 어쩌다 원치 않은 신이 되어 평생
신성과 권능으로 피조물 창조해야 하는가
끊임없이 자비와 사랑만 요구당해야 하는가
때때로 그 권좌 냅다 패대기치고
나는 이제부터 신도 뭣도 아니요 라고 종지부를
찍고 싶은 것이다 그도 신의 종신감옥 탈옥해
어디론가 영영 잠행하고 싶은 것이다
얼마나 피조물들이 그를 들들 볶아댔으면,
무소불위, 무한권능 다 떨쳐버리고 그도 어떤 존재에게
'제발 주시옵소서!'라고 매달리며 울부짖어보고도 싶은
것이다

내가 왜 당신들이 필요한 신의 형상이 되어야 하는가
왜 당신들이 내게 주문하는 대로 쉴 새 없이
제작 생산해야 하는가
내가 왜 당신들의 불쌍한 영혼에 관여하여

잔인한 심판을 해야만 하는가

때로 나는 당신들의 요구에 의해 내 창조의 루트를
바꿀 때 있다
지구에서의 전쟁, 기근으로 당신들 울부짖을 때
나 또한 피 토하며 울부짖었다 나는 늘 죽을힘 다해
신의 역할 다해왔으나
내 역부족일 때 있다
당신들은 정녕 내가 당신들이 원하는 조건의
완벽한 신이 되어주길 원하는가

나 신을 이해한다
신은 신다워지기 위해 그 얼마나 아팠겠는가
신은 신다워지기 위해 그 얼마나 외로웠겠는가
그동안 얼마나 마음고생 심했겠소 나도 몰랐소 오죽했으면
당신이 신에서 해방되길 원하겠소 내가 다 이해하오
오늘은 다 내려놓고 실컷 우시오
나는 망망 허공 우주계단에 걸터앉아
목 터져라 그와 함께 호곡하고 있다

염력의 나라

그 옛날 나 이름 없는 행성에서 살았다
나는 내 염력으로 수많은 사람들을 초대했다
공기막 뒤편에서 음파로 지냈던 형체 없는 존재들

그들은 지도자가 필요하다며 나를 교주로 추대했다
만일 내가 받아들이지 않는다면 다시 염체 이전으로
돌아가 버리겠노라 입을 모았다
나 별수 없이 3천억 년 간 교주가 되어
그들을 통치했다

나의 염력으로 그들의 의식주를 모두 해결하였으며
생로병사를 관할해주었고 언제든 그들이 원하는 나이로
머물게 했으며, 언제든 원한다면 다시 몸 버리고
염체 이전으로 돌아가도록 배려했다

그들 중, 어떤 이는 사람을 버리고,
새, 물고기, 꽃, 동물이 되길 원하기도 했다
어떤 이는 천사가 되길 소원했고 어떤 이는 신화 속
신이 되길 원했다

나 그들을 진심으로 아끼고 섬기며 살았다

그렇게 시간이 흘러
어느 날, 이젠 나도 다른 차원, 우주 어디선가
새 경험을 해보고 싶다고 그만 교주를 내려놓겠다 하자,
모두들 슬퍼하며 다시
염체 이전으로 되돌아 가버렸다

그리하여, 나 염력이 소거된 먼먼 지구별에 도착하여
삶이라는 악기를 온몸으로 껴안고 자나 깨나 연주했다

고요한 침묵 속 자작자작 헤집는 나의 곡조는
잘들 있느냐 허공에 흔적 지운 이름들아,
안부와 안녕을 비는 노래
지금쯤 그 무엇으로 떠도는 그들 기리는 노래

아직도 내 뇌리 속 문득문득 떠오르는 비밀한 전설
수천억 년 전 그 아릿한 이별 이야기, 내 염력의 나라

나의 백그라운드

수년 전 작고하신 아버지 내 꿈속 다녀가셨다

이역만리 꿈길 왕림하신 아버지
내 혼과 육신 속 아직 살아계시다 내 삶 속
녹아계시다 내재하시다
내 삶 또한 그 혼의 거처 아니신가
내 한 몸 이 세상에 출연시키기 위해
내 아버지, 어머니, 친할아버지, 친할머니,
외할아버지, 외할머니 그 윗대 무한 증조, 고조,
부모의 수천 계보 따라 올라가 보면 그 조상들
서로 일가친척 아닌 자 없고
일제히 불을 켠 듯 환한 한 뿌리
내 삶의 경주를 열렬히 응원하는 대 군단

애야 아프지 마라 걱정마라 우리가 있다 깃발 흔든다
열화 같은 응원에 힘입어 내 뿌리 더더욱 든든해진다
나 위해 결성된 조상의 응집이
내 살과 뼈마디, 세포 속 촘촘히 틀어박혀있어
귀히 내려받은 비전 두루마리 지도를 화르르 펼쳐본다
〈

네 열심히 살겠습니다
제가 누구이겠습니까?
당신들 기대에 부응하여, 당신들 희망이 되어,
당신들 최종 꿈의 완결자 되기 위해,
내 삶에 저절로 파워 들어간다

나 여기 살아있어도 내 백그라운드 늘 든든하다

고마움 답하며 근기로 벌떡 일어서는 첫새벽이다

그동안 애쓰셨습니다

그의 마지막 가는 길을 지켜보았다
핏기 없는 그가 유리관 속에 모든 것 내려놓고
밸룬처럼 둥 떠 있다

나는 묵념했다

그동안 애쓰셨습니다
이 세상 적응하기 위해 얼마나 애쓰셨는지 제가 압니다
빈 백지 위 당신의 생 쓰시느라 참말 고생하셨습니다
자주 쓰러지는 정신 꼿꼿이 세우시느라
참 많이 우셨겠습니다
먹어도 채워도 담아도 허기진 빈 항아리 같은
육신 먹여 살리고
삶의 재료 바닥났을 때 무수히 뒤척이던 불면의 밤
참 많이 괴로우셨겠습니다

외로움 안으로 안으로 새기며
스스로 쓰다듬고 다독이며 꺾어진 무릎 일으켜 세우고
가야 한다 가야 한다 이끌어 가시느라
참 많이 힘드셨겠습니다
〈

아무쪼록 잘 가세요 천지간 풍경 보면 모두
당신이라 여길게요
사계절 꽃피면, 어두운 밤 달뜨면 모두
당신이라 여길게요
바람 한 줄, 환한 슬픔 속에 당신 웃음 늘 새길게요

그동안 애 많이 쓰셨습니다
이제 한 문을 닫으시고 새 문을 여셨습니다

내가 묵념 끝내고 돌아 나올 때
이 세상 하늘은 가슴 먹먹하도록 아프고 푸르렀다

대청소

어떤 큰 스님이 입적하기 전 한 일은 아마
대청소였을 것이다
한 목숨 받아 이 지상에 왔으면 시간 경영 잘해야지
쓸데없는 일,
남의 집 숟가락이 몇 개이며
남의 농장에 양과 소가 몇 마리인 것이나
헤아려서야 쓰겠느냐
시간 탕진으로 소일하고
남은 시간 폐지 쓰듯 펑펑 써버렸으며
죽어 이름 몇 자 남기자고 부질없이 명예나 탐하고
뭘 좀 안다고 신변잡기 끄적거려 절 받으며 껍죽거렸으니,
어리석다 어리석다 어리석다
탄식했을 것이다
서점가에 발 푹푹 빠지는 책 속에
하나 더 보태는 것도 그렇고
굶어죽는 이에게 쌀 한 톨 역할도 못 할 글줄이나 썼다고,
그는 자기가 풀어놓은 책들 모두 거둬들여
훨훨 불살라버렸다

이 세상에 먹고사는 일만큼 큰 업적이 없으나 또한

먹는 일은 세상일 잘 배워
자신을 만나라고 주어진 것,
자신을 잘 경영해서 CEO 되라는 것 아닌가

오늘
내 안의 부질없는 마음쪼가리들 다 꺼내놓고
마음쇄신 대청소한다

마지막 메이크업

장의사가 사체 얼굴에 화장품을 바른다
물기 빠져나간 빈 세포구멍 허방을 꼼꼼히 터치하는
장의사의 손은 엄숙 경건하다
산 자가 죽은 자의 얼굴 꾸며주는 일은 특별한 일,
이것이 마지막 아니던가 루루 콧노래 부르며
먼저 스킨과 로션, 영양크림 순서대로 발라주고
밝은 베이지빛 파운데이션 가볍게 두들긴다
아이브로우 펜슬로 평소 듬성듬성한 양 눈썹의 모근 다독이며
한 올씩 그려준다
주저앉은 광대뼈에 핑크빛 볼 터치로 생기 주어
그럴 듯 위장한다
핏기 사라진 입술도 립스틱으로 도톰하게 발광 포인트 준다
그녀의 다혈질 희비 감정과 수위를 넘어 욕설도 거칠었던
분노가 휘발된 창백한 얼굴,
향기 독식했던 그녀의 코는 이미 숨결 지워진지 오래였고
거침없이 공언 쏟아내고 육식 즐겼던 입은 굳게 잠겨있었다
이제 그녀가 열린 관 뚜껑 속 꽃 장식과 함께
두 손 가지런히 모은 채 고요히 가라앉아있었다
삶은 늘 그녀 욕망의 기대치에 못 미쳐 곤두박질로
추락하기 일쑤였으나

이렇게 깊이 추락하여 밑바닥에 등이 닿아본 적
한 번도 없었다
그녀가 관계했던 우주 밀키웨이 갤럭시, 이 지구별 위에서의
인연도 꿈처럼 단지 이것뿐이었을까
그녀는 이미 이쪽과 무관한 자였으므로
마지막 메이컵 끝낸 채 예 갖추어 손님을 두루 맞이할 뿐,
장례식장 뷰잉서비스에 참석한 검은 복장의 하객들이
소곤소곤 그녀 곁을 지나갔다
"참 따뜻하신 분이었어요"
"우리에게 오셨던 가브리엘 천사였어요"
텅 빈 옷 한 벌이 관속에 곱게 누워 미소 짓고 있었다
한 점 열기도 없이

새들의 지구생활

아침부터 새들이
창밖에서 시끌벅적했다 전깃줄에 모여 앉은
새들의 이야기가 한창이었다
가만 들어보니, 평소 종교를 믿지 않는 새 한 마리가
큰길에서 싸늘한 시체로 발견되었다는 것이다
새들은, 그 새가 과연 새들의 천국에 갈 것인지 못 갈 것인지
왈가왈부하고 있었다
그가 겨드랑이 헐도록 근면 성실하였으므로
새들의 자비로운 신께선 그를
천국에 불러 새들의 천사라도 시켜줄 것이라 하였고
다른 새의 의견은 그가 신을 결코 믿지 않았으므로
그를 끓는 유황불에 내던져버릴 것이라 했다
또 다른 새의 의견은 달랐다
아니야 그럴 리 없어 그런 신은 신도 아니지,
신의 자격 문제라고 외쳤다
새들은 모두 신의 종신 노예가 아니지,
그렇다면 신을 끌어내리고
새를 가장 잘 이해하는 신다운 신을 앉혀야 하고 말고,
라고 격분했다
〈

아까부터 앞집 지붕 위에 앉아있는 부부 새는
교육문제로 쟁론했다
애가 누굴 닮아 이기적이고 예의가 없나,
나이 먹으면 좀 나아질까, 아무리 옳은 소리도
부모 말은 귓등으로도 듣지 않으니, 그게 다 어릴 때부터
야단치며 훈육하지 않은 당신 탓이지, 서로 책임 미루며
언쟁하고 있었다

오크나무 가지 위에 앉은 늙은 어미 새는,
하나밖에 없는 새끼 새가
도무지 하늘이 답답하여 숨 막힌다고,
기필코 하늘 지붕 다 거둬버리고 돌아오겠노라
호언장담한 채 가출한 지 일주일이 넘었으나 아직
돌아오지 않는다고,
거의 식음 전폐하며 초점 없이 먼 하늘만 응시하고 있었다

지구 생활하기에 너희들도 참 고생 많구나, 만일
새들의 신께서 외면하지 않는다면,
반드시 응답할 것이니 너무 걱정 말라고,
나 그들 위로해주었다

벌레 구멍

구멍 숭숭 뚫린
오크나무 이파리 한 장
나 들여다봅니다
벌레구멍 안쪽 깊숙이, 혼자 웅크리고 앉아 있었을
벌레 한 마리 생각합니다

구멍 속에서, 사계절 풍경
집 안에 들여놓고 몇 번째 계절인지 혼자
헤아려보기도 하고,
퍼즐 놀이하듯 조각조각 맞추어보곤 했었겠지요
밤이면 조각달도 혼자 사는 그가 궁금해
밥은 굶지 않았느냐고
그의 집에 불쑥 얼굴 디밀고 안부를 물었겠지요
그때마다 벌레는 셀로판지처럼 팔랑거리는 집 한 채만도
그나마 천만다행이라고 고마워했을 것입니다
때때로 오글오글 끓는 빗소리로부터
치열한 세상 이야기 전해 들으며
자신이 더 강해져야 한다고 마음 다졌을 것입니다

저물어가는 가을 풍경의 깊이를

오래 아껴먹듯 조금씩 갉아먹으며
천천히 비상을 꿈꾸었을 것입니다

둥그스름한 벌레구멍이 점점 더 넓어지고
가느다란 잎맥들 드러날수록
벌레의 외로움도 불을 켠 듯 시리도록
환하게 넓어졌을 것입니다

어느 날 벌레 한 마리 결심한 듯 달랑 이파리 하나 남긴 채
하늘을 훨훨훨 날아갔겠습니다
외로움의 빛나는 프로펠러를 달고 멀리 높이
상승했을 것입니다

엎드려 절해보니 알겠다

엎드려 절해보니 알겠다
낮게 엎드려 내 이마에 흙 묻혀보니 알겠다
먹이 한 덩이 찾아 기어 다니는 미물들,
한 뼘 땅을 밀고 당기며 지구 굴리는 것들,
나를 떠받친 대지가
이리 많은 것들 한 품에 끌어안고 키우며 출렁였다는 걸

엎드려 절해보니 알겠다
들풀의 마음을, 꽃의 마음을, 나무의 마음을,
흙이 목숨의 뿌리 잡아주지 않았다면
이것들 척추 세우고 포효하듯 움터 올랐을까

내가 대지보다 더 마음 낮게 엎드려보니 알겠다
지구의 무량 겁 은혜,
눈뜨면 당연하다는 듯 여겼던 이 지구도
이리 뒤척 저리 뒤척, 불가청 데시벨 굉음,
그도 얼마나 애써 숨 몰아쉬고 있었다는 걸

엎드려 절해보니 알겠다
더 낮게 낮게 나를 내려놓아야만 한다는 것을,

그래야 저 캄캄한 구심球心 아래
지구 한 알 공손히 받들고 있는 허공의
큰마음 헤량한다는 걸

이 세상 저 세상은 에디트가 필요하다

I 천국과 지옥

나 천국과 지옥이 궁금한 것이다

　천국에는 창세의 신이 살지 천국엔 우리 원하는 건 무엇이든 갖추어져 있다지 천국엔 형형한 날개와 나팔 가진 천사들 일사불란하게 근무하지 천국엔 누구나 시기 질투 없이 권력의 욕망 없이 약한 자 강탈하는 일 없이 오직 선한 이들만 거주할 수 있다네 광활한 초원 불철주야 흥겨운 가무가 펼쳐진다지 누구든 원하는 젊음과 미모를 유지한다지 천국 관리자들은 거주자들끼리 생활 법칙 준수토록 교육시키고 그들 안전을 점검한다지 하지만 날마다 평안한 천국에서도 적응치 못한 이들은 어쩌나 춤과 노래가 지겨운 이들은 어쩌나 천편일률적으로 평등한 기쁨에 질려 우울증 앓는 이들은 어쩌나 그만 천국 벗어버리고 망명 신청하는 이들의 불만과 아우성은 어쩌나 천국에 속속 도착하는 새 입주자들 위해 업무과다 코피가 터지기도 하는 천국 종사자들이 광장에 몰려나가 휴가의 자유를 달라 수고한 대가를 달라 데모할 수도 없는, 한번 입주하면 영구히 발 묶인 천국 주민들, 그 폐쇄된 천국은 또 얼마나 깊고 깊은 감옥인가

〈

　활활 불타오르는 지옥, 단 한 번도 불씨 꺼트리지 않기 위해 얼굴 시뻘겋게 달아오른 지옥 관리인들은 아비규환의 죄수들 절규와 비명으로 고막이 터져버릴 수밖에 없다네 냉담한 관리자들과 달리 보다 못해 불속 죄수를 몰래 꺼내주다 들킨 어쩌다 심성 착한 관리인의 사랑이 발각되면 그는 어디로 추방될까 어느 날 갑자기 저세상에서 소환된 자들 단죄에 따라 알곡과 쭉정이 분리 선고받고 그야말로 영혼이 탈탈 털린 채 아, 이젠 정말 죽었구나 허탈해하며 이토록 사후세계가 더 낙후되었다면 차라리 저쪽이 천국이었어 라고 탄식하는 진퇴양난의 그들, 그 이해될 수 없는 감옥 중의 감옥

II 극락세계와 8대 지옥

나 극락세계와 8대 지옥이 궁금한 것이다

온통 황금장식뿐인 극락세계 상좌엔, 해탈하신 부처님들 앉아계신다네 저 극락은 해탈해야만 갈 수 있는 곳, 과연 해탈의 합격기준은 몇 점 이수해야 할까 누가 해탈을 판정해줄까 해탈하면 육도윤회하지 않도록 누가 질긴 사슬 끊어줄까 극락에서 늘 의무적으로 똑같은 미소 지어야 하는 부처님들, 날마다 무심의 공 오직 낙으로 살자니 얼마나 지루할까 극락에 한번 발 묶인 부처님들 해방되길 원해도 극락 법전과 엄격한 계율 꼭 지켜야만 하지 극락세계 관리인들은 눈만 뜨면 극락전 대리석을 티끌조차 없이 닦아야 하고 계절도 없이 영 죽지 않는 꽃들 돌보아야 하는 정원사들은 언제나 꽃들이 죽지? 볼멘소리로 수군거리지 그들 원치 않아도 늘 판박이 하루가 번복되지 평온함에 갇히는 건 너무 지겨워 누군가 말하지 저 극락에서 결코 벗어날 수 없어 극락이라는 무량겁 감옥

팔열팔한' 지옥으로 나뉘는 8대 지옥은 또 어떤가 생전 못된 짓 한 자들 가두고 아무리 잘못했어요! 제발 용서해

주세요! 울부짖어도 지옥 관리자들 성품은 모두 구제불능 불량품이지 용서나 자비란 도대체 없는 잔인한 지옥 운영 법칙에 따라 두 번 다시 개과천선할 기회 주지 않는 곳, 오직 자비심으로 저 세상살이 강요했던 이들이 만든 그곳 엔 추호도 자비 그림자조차 없이 잔혹 무도하다네 무소 불위 염라대왕은 누가 뽑았는지 그 자릴 내려온 적 단 한 번도 없지 한번 앉은 독재주의자 정권 교체는 없나 염라 대왕 밑 종사자들의 불만은 거의 포화 직전이지 우린 언 제 이 짐승만도 못한 짓 그만두나 저승사자들은 늘 검은 색 단벌 제복만 입어야 하지 그들 강제 징용된 것인지 연 봉이나 받는지 퇴직은 있는지 피눈물 한 방울도 없이, 똑 같은 심부름 반복해야 하는 그들이라고 왜 누적된 불만이 없겠어 그 잔인한 감옥에서

* 팔열팔한지옥 : 팔열지옥-1.등활지옥 2.흑승지옥 3.중합지옥 4.규환지옥 5.대규환지옥 6.초열지옥 7.대초열지옥 8.아비지옥 팔한지옥:-1.알부타지옥 2.나라부타지옥 3.알찰타지옥 4.학학파지옥 5.호호파지옥 6.올발라지옥 7.발특마지옥 8.마하발특마지옥

III 에디트

- 하지만 걱정마라 살아내기도 힘들었는데 저쪽에 가두려운 평가와 재판이나 받다니, 그런 일은 없단다 천국과 극락, 모든 지옥들은 이미 세상에서 네가 모두 겪은 바 란다 온갖 협박의 채찍 휘두르며 저세상 감옥들 팔아 장사하는 이들조차도 물론 없는 그런 곳, 있을 거야 모든 것 존재계 프로그램 에러였음을 내 진심으로 사과할게 그래, 이런 사과 당연히 받아야 하고말고

이 세상 저 세상 무쇠 간이막으로 나뉜 채 비밀만 번성한 세계, 생의 지식 채 축적할 사이 없이 모든 전생 기록들 삭제당하고 다시 태어나 기어 다니고 배우다 죽고 의식주 해결, 생로병사에 끄달리다 또 죽고 지루한 패턴 반복하는 모든 존재들은 혁명이 필요해,

이제 그만 이 판을 들어 엎으라!

그렇지, 이제 잘못된 프로그램 오류를 에디트 할 때가 되었단다 자 보거라 수정됨에 따라 저절로 영육의 물리가 툭 터져, 누구도 존재계의 운영을 한눈에 알게 되고 자

신의 생사에 대해 선택권과 자유권이 있어 누구나 창조의 주인공 아닌 자 없게 될 터, 새로이 편집된 신 차원이 염원대로 곧 도래할 거야 -

  나는 그날의 프로젝트에 내 인장 기꺼이 눌러 찍으며, 이 시의 말미에 다음과 같은 문구를 기입하기로 한다

  "자 보아라 진화된 존재들이다!
  모든 오류의 부조리 뛰어넘어 저기,
  자유의 이름으로 어디에도 수감되지 않은 채 해방된 존재들, 차안과 피안 거리낌 없이 오가며 유유히 날고 있다 이 세상 저 세상 영육 담보로 더 이상 은폐된 비밀은 없으며, 이유 없는 생사 노예살이로부터 모두 해방되었다 또한 더 이상 약육강식의 먹이사슬 악습과 가없는 욕망으로부터 벗어났으며, 생로병사에 지배당하는 유기체가 이젠 아니다! 오직 진화의 광휘 속, 새 존재의 옷을 입었다 그리하여 모든 시스템 에러 사항들이 에디트 되었으며 온전히 극복되었다"

물방울 휴거

허드슨 강줄기가 대서양 향하여 천천히 방향을 틀었다
함께 가는 길은 즐겁다
천 갈래 만 갈래 석양에 찢겨지는 물방울의 각자 염원은
어서 휴거 되어 구름이 되는 것

한때 키 작은 들풀의 마른 몸 구석구석 씻어주었던 물방울이
한때 하역장 쓰레기 더미 속에서 흘러나온 냄새나던 물방울이
한때 고요를 사랑한 시다나무 뿌리의 자양분이었던 물방울이
여기선 모두 평평하였으며 돌아봐도 똑같은 큰 얼굴이었으며
도대체 어디서 누굴 적셔주던 것들이었는지 모를 어깨들과
나란히 큰 힘이 되었다

간곡한 기도가 통해서 구름으로 휴거 되지 않아도 좋았다
강줄기는 함께 대서양을 창조했으며 어디서 온 줄기들인지
서로 함구했다
무거운 자아를 홀로 들고 있지 않아도 되었다
그들의 변신은 늘 찰나였으므로
구름이 되거나 얼음이 되거나
또다시 물이 되고자 떠나기도 했다
〈

대서양은 모든 물방울을 넉넉한 품 안에 한꺼번에 끌어안고
"괜찮아, 잘 될 거야, 넌 아름다운 구름이 될 거야"
늘 토닥이며 노래했다

도시로 간 짜라투스트라

내게 아무 말도 하지 말라 권력의 시종들아,
나는 이 세상 공장이 찍어낸 듯 세뇌된 인간이 되지 못했다
내가 가진 재산은 오직 자유와 유랑,

나는 누구의, 무엇의 끈에도 묶이거나 얽매이지 않았다
하물며 신의 으름장에도 눈 한번 깜박하지 않았으며
늘 내 의지의 파장대로 오직 배포로 살았거늘

그래 나는 이 세상의 환에도 결코 속아 넘어가지 않았으며
나마저도 고정된 나라 믿지 않았다
내가 내 것이라고 시인한 적 없으며
가라 또는 머물라 해도 나는 내 의지대로 떠돌았다
이 지구에서 배운 양식대로 살지 않았다고 누가 내게
화살 겨누겠는가

대중들이여, 홀로인 내게 대체 뭐라고 하는 건가
나는 살기 위해, 내 삶을 누구와도 결탁하거나
공조하지 않았다
뒷골목 암거래로 내 양심과 영혼을 팔아치우지 않았다
나는 늘 무엇에 구속된 적도 없고 해방된 적도 없거늘

아무도 내게 세상의 수갑을 채우거나 간섭할 수 없다
누구에게 엎드려 칭송하거나, 세계, 국가, 단체에
맹종하여 서명한 적 없다
나는 오직 찰나마다 알아차림하고 지내왔으니
나는 나를 어디에도 빼앗기지 않았다

나에게 아무 말도 하지 말라
다만 살아 숨 쉬는 순간마다 들숨 날숨 누리고 있을 뿐
나는 늘 여럿인 듯 당당한 혼자였다
나는 통속적인 누더기 사상과
굴종일 뿐인 객설의 외투를 벗어던졌다

"나는 스스로 돌보는 자"

맨해튼 빌딩 숲을 유유히 걸어가는 짜라투스트라는
빙그레 웃으며, 야유 퍼붓는 대중들에게 이렇게 말했다

* 짜라투스트라는 이렇게 말했다-니체(Friedrich Nietzsche) 저